PLAISE à Monsieur

Conseiller du Roy en ses Conseils, Maistre des Requestes ordinaire de son Hostel, Avoir pour recommandé en Iustice le bon droit,

POUR Maistre Claude de Ferriere Avocat en la Cour, défendeur en Sommation.

CONTRE *Denis Thierry & Iean Cochart*, deffendeurs originaires, & demandeurs en Sommation.

CONTRE *Antoine Bruneau*, demandeur en Requeste d'intervention.

ET contre *Iacques Gauret*, aussi demandeur en intervention.

POUR entendre la question qui est à juger en la Cour, il faut observer que le Roy par Lettres Patentes du troisiéme Decembre 1667. a accordé à Monsieur le Duc de Roannez le Privilege de faire imprimer *les Formules suivant les Nouvelles Ordonnances, & celles qui seroient aprés verifiées dans les Cours Souveraines.* Le sieur Duc de Roannez a fait faire des Formules par M. Louis du Pont Advocat en la Cour, & pour l'impression d'icelles, il a associé avec luy audit Privilege, Denis Thierry, Nicolas Pepingué, Jean Haynaut, en la place duquel Jean Guignard est entré depuis, & Jean-Baptiste Coignard, Marchands Libraires de cette Ville de Paris. Lesdits Libraires ont debité desdites Formules tant suivant les Ordonnances civiles que criminelles prés de vingt mille exemplaires : Mais lesdits Libraires dans l'esperance de faire un nouveau gain par d'autres Formules, en ont fait faire par le sieur Gauret Secretaire de Monsieur le Camus, Maistre des Requestes ordinaire de l'Hostel du Roy, pour les matieres civiles & criminelles, dans lesquelles ledit Gauret a mis mot à mot toutes les nouvelles Ordonnances tant civiles que criminelles; & pour lesquelles Formules divisées en deux Tomes, lesdits Libraires n'ont point obtenu un nouveau Privilege, quoique le Privilege obtenu par Monsieur le Duc de Roannez eut esté rempli par les Formules com-

A

poſées par ledit M. Louis-du Pont : Ce qui eſt à remarquer.

Le vingtiéme Decembre 1677. Jean Guignard qui eſt en place de Jean Haynaut, a fait imprimer & mis en vente un Livre intitulé, *Nouveau Traité des Criées*, &c. compoſé par un nommé Bruneau, ſoy diſant Advocat.

Au mois d'Avril de la preſente année 1681. ledit Guignard & Theodore Girard ſon Aſſocié auſſi Marchand Libraire à Paris, ont mis en vente un autre Livre intitulé, *la Nouvelle Pratique civile, criminelle & beneficiale*, &c. qui eſt en partie l'ancien Praticien de M. Gaſtier reformé ſuivant les nouvelles Ordonnances.

Le deffendeur a fait un autre Praticien achevé d'imprimer le quinziéme May 1681. & mis en vente au commencement du mois de Juin, par Denis Thierry & Jean Cochart.

Leſdits Nicolas Pepingué, Jean Guignard & Jean-Baptiſte Coignard ont en vertu d'une Ordonnance de la Cour du quatorziéme Juin dernier, fait aſſigner leſdits Thierry leur Aſſocié aux Formules & Cochart, pour voir ordonner la confiſcation des Exemplaires dudit nouveau Praticien, & declarer l'amende portée par les Privileges des Formules encouruë par leſdits Thierry & Cochart ſolidairement, au profit deſdits demandeurs, ſous pretexte que ledit nouveau Praticien eſt rempli de Formules de pratique.

Thierry & Cochart ont dénoncé audit Maiſtre Claude de Ferriere la demande deſdits Aſſociez aux Formules, avec ſommation de prendre leur fait & cauſe en l'Inſtance contre leſdits Aſſociez, & les garentir de tout l'evenement de leur demande.

Il eſt vray que d'abord le deffendeur en ſommation crût que Denis Thierry eſtoit d'intelligence avec les demandeurs originaires, & que c'eſtoit de ſon aveu & conſentement que la demande avoit eſté faite par leſdits Aſſociez aux Formules, à l'effet de s'approprier toutes ſortes de Formules de quelque nature qu'elles fuſſent, & empêcher que d'autres ne ſe ſerviſſent de celles qui s'obſervoient avant les nouvelles Ordonnances : C'eſt pourquoy le deffendeur en ſommation dit pour deffenſes contre la ſommation, qu'il n'eſtoit point obigé de prendre le fait & cauſe pour leſdits deffendeurs originaires & demandeurs en ſommation, ſouſtenant neanmoins à toutes fins que ladite demande eſtoit tres-mal fondée : Mais ledit deffendeur a reconnu depuis qu'il n'y avoit point d'intelligence entre les demandeurs originaires & ledit Denis Thierry.

Les demandeurs originaires diſent pour fondement de leur demande, que le deffendeur en ſommation a pris tous les Stiles & Formules qui ſont dans les deux Stiles univerſels, & qu'il s'eſt même ſervi du mot de Stile dans le titre de ſon Livre, & que c'eſt une contravention à

leur Privilege , dont les deffendeurs originaires ne peuvent point dif-
convenir.

A cela le deffendeur fait plufieurs réponfes.

Premiere Réponfe.

La premiere eft, que Monfieur le Duc de Roannez a obtenu un Privilege pour les Stiles & Formules fuivant les Nouvelles Ordonnances, & que celles qui s'obfervoient auparavant, n'y font pas compri-
fes; & il eft facile de juftifier que telle a efté l'intention de fa Majefté,
par les termes dudit Privilege : *Les Formules, Stiles & modeles de Pratique fuivant les dernieres Ordonnances, & de celles qui feront cy-aprés verifiées en nos Cours* , &c. Or il n'y a point eu de Stiles & Formules verifiées dans les Cours ; ainfi il eft conftant que le Privilege n'a lieu que
pour les Formules introduites de nouveau, en confequence defdites
nouvelles Ordonnances; comme pour les adjournemens dreffez fuivant
le titre des Adjournemens de l'Ordonnance de 1667. & autres femblables.

Quant aux Formules qui s'obfervoient avant les nouvelles Ordonnances, & qui n'ont point efté abrogées par icelles, ce feroit fans raifon que les Affociez aufdites Formules pretendroient qu'elles fuffent
de leur Privilege ; car autrement il s'enfuivroit que perfonne ne pourroit plus fe fervir d'aucunes Formules de Chancellerie , ny de celles
qui concernent la procedure du Confeil, & qu'il faudroit ruiner tous
les Livres qui en ont efté faits , & dont le Privilege dure encore.

Cela feroit contre l'ordre qui s'eft toûjours obfervé dans la Librairie,
il a toûjours efté permis de prendre ce qui fe trouve dans les Livres
qui ont efté imprimez fans Privilege, ou dont le Privilege eft expiré, en
forte même qu'il ne feroit pas moins permis de s'en fervir entierement
quoy qu'il fut compris dans un Livre de Privilege. Ainfi les Formules
de Requeftes d'inventaire de production, de contredits, de griefs hors
procez , réponfes à griefs , caufes & moyens d'appel , réponfes aux
caufes & moyens d'appel, falvations, & autres femblables , font dref-
fées à prefent de la même maniere qu'elles eftoient avant lefdites nouvelles Ordonnances; & parce qu'il a plû audit Gauret de les prendre
dans les anciens Stiles & Formules, les Affociez aufdites Formules pre-
tendent que c'eft leur bien , & qu'on ne s'en peut point fervir fans lar-
cin : La confequence n'eft pas valable.

Quand même Sa Maiefté ne fe feroit pas expliquée auffi clairement
qu'elle a fait dans lefdites Lettres Patentes, qui diftinguent affez des
autres, les formules fuivant les nouvelles Ordonnances: n'y auroit-il pas
lieu de dire que telle auroit efté l'intention de Sa Majefté ?

Les privileges s'interpretent dans toute leur étenduë, au profit de ceux
aufquels ils font accordez par le Prince, fuivant la Loy 3. *ff. de Confti-*

tution. Mais ils font *stricti Juris*, quand il s'agit des droits d'un tiers ou du public; C'est le sentiment de tous nos Docteurs sur ladite Loy, sur le Chapitre *ne alicui*, & sur le Chapitre *cùm personæ. de privileg. in 6.* Or il est de l'interest public, que d'autres que lesdits Associez ausdites Formules, se servent desdites Formules observées avant lesdites nouvelles Ordonnances.

Et quoique Sa Majesté eut donné un privilege pour toutes les Formules de pratique, on pourroit encore sans contravention se servir desdites anciennes Formules, à moins que le Roy eut declaré expressément qu'il deffendoit qu'on se servit à l'avenir dans les Livres qu'on imprimeroit aprés, desdites anciennes Formules, conformément au Chapitre *qui Ecclesiarum. Ext. de Constitution.* & au Chapitre 1. *Ext. de Rescript.*

Un semblable privilege seroit contre l'interest public, puisque ce seroit oster la liberté aux particuliers de se servir de Formules dans la composition de plusieurs Livres qui ne se peuvent point faire sans Formules. Ainsi quoy que sa Majesté eut accordé le privilege pour toutes sortes de Formules, il y auroit sujet de croire que ce seroit par obreption; Les Ordonnances de Charles VII. 1453. Art. 66. de Louis XII. 1507. Art. 59. & autres, Veulent que les Lettres, Mandemens, & Impetrations qui ne se trouveront pas raisonnables, soient declarées par les Cours, obreptices, & qu'elles n'ayent aucun effet; ce qui est conforme au titre du Code *si contra jus vel utilitatem publ.*

Mais se tenant aux termes du privilege, les Formules qui se trouvent dans ledit nouveau Praticien, sont des Formules de l'ancienne pratique, dont il y en a quelques-unes dans lesdits Stiles universels. A l'égard des Formules, suivant les nouvelles Ordonnances, il n'y en a point, ou si peu, que cela ne peut pas donner le moindre suiet à un procez. Quand il est question d'une contravention à un privilege, les Juges ne suivent pas la passion des Libraires, qui s'imaginent qu'il n'y a qu'à demander les peines portées par leurs privileges, pour leur estre adiugées : On doit examiner si ce qu'on pretend avoir esté pris d'un Livre de privilege, en empesche le debit ou la vente; & lorsque cela se rencontre, c'est une contravention qui est punissable, & l'interest public le requiert; mais lors qu'un Auteur s'est servi dans son Ouvrage de quelque chose, qui se trouve dans un Livre de privilege, qu'il ne pouvoit pas omettre sans le rendre imparfait, & qui ne nuit ni ne préjudicie en aucune maniere, au Livre dans lequel lesdites choses se trouvent, en ce cas les Juges n'y ont aucun égard, *de minimis non curat Prætor.*

C'est une Jurisprudence établie par plusieurs Arrests du Conseil Privé du Roy, & de la Cour.

Guignard & Damien Foucault son Associé pour l'impression des Arrests de feu Monsieur Loüet Conseiller en la Cour, firent réimprimer lesdits Arrests en l'année 1668. qu'ils augmenterent sur chaque article des extraits des Arrests contenus dans le Journal des Audiences : Les Associez pour l'impression dudit Journal pretendirent que c'estoit une contravention à leur Privilege, & en consequence poursuivirent au Conseil Privé du Roy la confiscation des Exemplaires desdits Livres, & demanderent que le Privilege accordé par le Roy pour la recontinuation du Privilege desdits Arrests, fust rapporté par lesdits Guignard & Foucault, & eux condamnez en tous les dépens, dommages & interests desdits Associez pour l'impression dudit Journal des Audiences, pour lesquels ils se restreignoient à la somme de vingt mil livres. Quoyque les augmentations desdits Arrests sur M. Loüet fussent tres-considerables, & que d'un seul volume *in folio* qu'il contenoit auparavant, on en eust fait deux ; neanmoins par Arrest du Conseil Privé du Roy, tenu à saint Germain en Laye le quatorziéme Aoust 1668. les demandeurs furent deboutez de leur demande avec dépens. Cet Arrest est imprimé à la fin desdits Arrests de M. Loüet, de l'impression de ladite année 1668.

La même question a esté jugée par Arrest du Conseil Privé du Roy, dans une circonstance bien plus forte : Petit Imprimeur du Roy avoit fait imprimer *les Vies des Saints Illustres, & les Vies des Peres Hermites*, composées par Monsieur Arnauld d'Andilly, avec Privilege du Roy. Un Libraire de Roüen nommé Lucas fit imprimer quelques années apres un Livre intitulé, *Vies des Saints pour tous les jours de l'année*, dans lequel il y avoit quantité de Vies entieres prises mot pour mot desdites Vies des Saints illustres & des Peres Hermites ; ensorte que ce qui en avoit esté pris faisoit une grande partie dudit Livre imprimé par ledit Lucas. Ledit Petit fit saisir les Exemplaires dudit Livre, pretendant que c'étoit une contravention à son Privilege, qui emportoit la confiscation des Exemplaires, & la peine encouruë par son Privilege : L'affaire estant portée au Conseil, par Arrest du Decembre 1679. au Rapport de Monsieur d'Amboüel, ledit Petit fut debouté de sa demande, condamné aux dépens, & à douze cens livres envers ledit Lucas, pour ses dommages & interests. Le sentiment du Conseil ayant esté qu'une partie d'un Livre prise & employée en un autre en divers endroits, n'estoit point préjudiciable à celuy duquel on l'avoit tiré.

Deuxiéme réponse.

La deuxiéme est, que si les Associez aux Formules n'avoient pas esté tres persuadez que lesdites anciennes Formules, n'estoient pas de leur privilege, ils n'auroient pas attendu jusques à present à poursuivre ceux qui s'en font fervis, dépuis que le privilege a efté accordé. Ils auróient empefché Auguftin Befoigne de faire plufieurs impreffions du parfait Praticien depuis les nouvelles Ordonnances, qui en eft tout rempli; & ils ne fe font advifez de le faire affigner en vertu de l'Ordonnance de la Cour, du   iour de Juillet dernier, qu'en confequence de ce que le Défendeur avoit allegué dans fes défenfes, contre lefdits Thierry & Cochart, que ledit parfait Praticien eftoit rempli defdites anciennes Formules, que lefdits Thierry & Cochart ont employées pour défenfes contre la demande defdits Affociez aux Formules.

Troifiéme réponfe.

La troifiéme eft, que les Formules que lefdits Affociez veulent faire ofter dudit nouveau Praticien, fe trouvent dans ledit parfait Praticien de Befoigne, avant lefdites nouvelles Ordonnances, & par confequent avant le privilege dudit Sieur Duc de Roannez: ledit Befoigne a toûiours fait imprimer ledit parfait Praticien en vertu d'un privilege, ainfi il auroit fuiet de fe plaindre contre les Affociez aufdites Formules, qui fe font fervis d'une partie de fon Livre, pour en compofer leurs Stiles univerfels; & puis que ledit Befoigne eft fondé fur un pretendu privilege auffi bien que lefdits Affociez, & qu'il n'a point efté revoqué par le privilege defdits Affociez, peuvent-ils faire ce que Sa Maiefté n'a pas voulu faire? mais il y a bien plus, c'eft que ledit Befoigne joüit dudit privilege il y a plus de vingt-cinq ans, & lefdits Affociez en vertu d'un privilege pofterieur au fien, veulent l'empefcher d'en ioüir de la maniere qu'il en a toûiours ioüy, aù veu & fçeu de tous les Libraires; cela eft un peu éloigné du bon fens: Que fi ledit Befoigne a droit de fe fervir defdites Formules en vertu de fon privilege, les Affociez aux Formules ne peuvent pas empefcher que d'autres s'en fervent pareillement.

Quatriéme réponfe.

La quatriéme eft, que la nouvelle pratique Civile, criminelle, & beneficiale, imprimée par ledit Guignard, auteur de toute cette chicane, & Theodore Girard, eft remplie defdites Formules, & il y en a beaucoup plus que dans ledit nouveau Praticien, car il y a des Formules tant anciennes que fuivant lefdites nouvelles Ordonnances, dans les pages qui font cy-aprés marquées, 51. 63. 75. 80. 83. 84. 206. 209. 221. 222. 229. 230. 231. 233. 248. 249. 225. 262. 392. 441. 431. 432. 444. 445. 447. 468. 472. 473. 487. 488. 500. 522. 536. 537. 538. 539. 540. 541. 545. 546. 547. 548. 549. 550. 552. 553. 576. 577. 582. 585. 597. 619. 706. 729. 754. 755. 775. 764. 777. ainfi ledit Guignard devoit examiner fon Livre avant que de faire un procez à Denis Thierry fon Affocié aufdites Formules, pour demander la confifcation des exemplaires dudit nouveau Praticien, &c.

LeditGuignard a aussi fait imprimer un traité des Criées, composé par un nommé Bruneau, lequel n'est principalement composé que de Formules, ce seroit une contravention de la part dudit Guignard, pour laquelle ledit Guignard devroit estre condamné envers ledit Thierry, si il estoit défendu de mettre aucunes Formules dans les Livres. Il y a des Formules dans ledit Traité des Criées qui ne contiennent que deux cens vingt-six pages, depuis la page 9. jusques à la page 49. & dans les Pages 75. 76. 77. 85. 86. 87. 88. 91. 92. 93. 94. 95. 96. 97. 100. 101. 102. 126. 127. 128. 129. 130. 137. 138. 142. 143. 144. 150. 151. 160. 161. 171. 172. 189. 190. 191. 192. 193. 194. 209. 210. 211. 212. 213. ainsi la moitié dudit Livre n'est que de Formules.

Ledit Guignard devoit donc laisser agir les deux autres Associez aux Formules, qui sont Nicolas Pepingué & Jean Baptiste Coignard, la cause en auroit paru mieux fondée ; mais voyons si elle l'auroit esté en effet : Tous les Associez audites Formules n'ont-ils pas ouvert le chemin à la contravention aux privileges, n'ont-ils pas imprimé toutes les Ordonnances mot à mot, article par article, dans lesdits Stiles Universels, au préjudice des Associez aux nouvelles Ordonnances? Il n'y a qu'a lire les Stiles & Formules du Sieur Gauret pour estre convaincu à l'ouverture de cette verité ? le pouvoient-ils faire ; & même Monsieur le Duc de Roannez pouvoit-il leur donner la liberté de prendre toutes lesdites nouvelles Ordonnances, au préjudice de ceux qu'il avoit Associezausdites nouvelles Ordonnances?

Ainsi lesdits Pepingué & Coignard n'estans point associez aux nouvelles Ordonnances, y auroient-ils pû faire mettre lesdites Ordonnances dans leurs Stiles & Formules sans contravention, au cas que la Cour iugea que lesdits Thierry & Cochart eussent contrevenu pour ledit nouveau Praticien au Privilege des Formules?

Ledit Jean Guignard a esté obligé de reconnoistre qu'il y avoit des Formules dans ladite nouvelle Pratique, puisqu'il dit avoir fait imprimer des cartons pour mettre en plusieurs endroits, & qu'il a sommé ledit Theodore Girard son associé audit Livre, de s'en servir, cependant cela n'a point esté executé, & il ne laisse pas toûjours de vendre & debiter ladite Nouvelle Pratique ; mais puis-qu'il est maître seul dudit Traité des Criées, & qu'il n'a point d'associé pour l'impression dudit Traité, il devoit pour ne donner aucun sujet de plainte à ses autres Associez aux Formules, oster toutes les Formules dont il est rempli. Neanmoins lesdits Associez aux Formules ne l'ont point poursuivi pour ces deux contraventions, faites de sa part audit privilege des Formules, & il n'y a que ledit Guignard seul, qui a suscité lesdits Nicolas Pepingué & Jean Baptiste Coignard à se ioindre avec luy, pour intenter un procez, le plus temeraire qui se soit iamais veu en la Cour, contre un de ſes Aſſociez, dont il n'a receu que des faveurs, dans des temps où ſes affaires eſtoient aſſez dans le deſordre.

Les Aſſociez auſdites nouvelles Ordonnances ſe ſont-ils aviſez de leur faire un procez pour cette contravention? Il n'y a perſonne qui l'ait voulu faire, parce qu'ils ont reconnu qu'ils ſeroient mal fondez, d'autant que leſdits ſtiles univerſels n'empéchoient point la vente & le debit deſdites nouvelles Ordonnances. A plus forte raiſon peut-on dire que ledit nouveau Praticien ne peut pas empêcher le debit deſdits ſtiles & formules, & que leſdits demandeurs originaires ſont mal fondez dans leur demande.

Et en cas que leſdits Thiery & Cochart ſuccombaſſent, ce qu'ils ne craignent pas, ſauf le reſpect de la Cour, ce ſeroit donner lieu à une infinité de procez contre l'uſage & les maximes de la Librairie qui ſe ſont obſervées dans Paris juſques à preſent.

Cinquiéme réponſe.

La cinquiéme eſt, que ſi la demande deſdits Demandeurs originaires eſtoit bien fondée, ledit Thierry ne ſe ſeroit-il pas joint avec eux contre ledit Jean Cochart, contre ledit Guignard, Theodore-Girard, & Auguſtin Beſoigne ; & n'auroit-il pas aimé mieux perdre le droit qu'il avoit dans ledit Nouveau Praticien, pour participer dans des confiſcations conſiderables, & dans les peines portées par ledit Privilege, qui ſont de vingt mille livres contre chacun des contrevenans, & pour chaque contravention ; mais ayant examiné les choſes, il a reconnu que cette demande n'eſtoit pas ſoûtenable.

Cette diſpoſition du droit Romain dans le titre *quod quiſque juris*, &c. n'eſt-elle pas tres-equitable, qui veut que nous ne trouvions pas mauvais ſi un particulier ſe ſert contre nous du droit dont nous nous ſommes ſervis contre l'intereſt d'un autre.

Que ſi la demande deſdits Aſſociez eſtoit autoriſée par la Cour contre ledit Thiery, ledit Thiery auroit droit d'uſer d'une eſpece de repreſailles, car ayant ſept parts de quatorze dans leſdits nouvelles Ordonnances, les autres Aſſociez aux Formules, entre leſquels ſont leſdits Nicolas Pepingué, Jean Guignard & Jean Baptiſte Coignard, leſquels ne ſont point aſſociez avec luy aux nouvelles Ordonnances, ſeroient obligez de l'indemniſer de la perte que leſdits Stiles & Formules luy auroit cauſez, & en outre il ſeroit bien fondé à demander la ſuppreſſion du texte des Ordonnances dans leſdits Stiles, tant que dureroit le Privilege deſdites nouvelles Ordonnances ; ainſi il faudroit réimprimer de nouveau leſdits Stiles univerſels, & ſupprimer entierement ceux qui ſont déja imprimez, veu qu'il n'y a preſque point de page où il n'y ait deſdites nouvelles Ordonnances imprimées mot à mot.

La fixiéme eft, que le Privilege des Formules obtenu par Monfieur
le Duc de Roannez a efté confommé dans les Formules imprimées en
vertu dudit Privilege, compofées par ledit M. Loüis du Pont, & lefdits Libraires affociez aufdites Formules n'ont pû imprimer d'autres
Formules, quoique du confentement dudit fieur Duc de Roannez,
fans un nouveau Privilege du Roy qui revoqua le premier : autrement
il s'enfuivroit que ledit fieur Duc de Roannez en vertu de fon Privilege,
pourroit faire imprimer des Stiles & Formules de Chancellerie, des
Stiles du Confeil Privé, des Stiles du Chaftelet & autres, fans un nouveau Privilege ; ce qui ne fe peut pas dire avec raifon, d'autant que par
les termes du Privilege obtenu du Roy par ledit fieur Duc, il parroift
que le Roy ne luy a accordé Privilege que pour les Formules qui ont
efté introduites de nouveau en vertu defdites nouvelles Ordonnances.

La Cour void par là que c'eft une ufurpation contre le droit public,
faite par des Libraires qui ne recherchent que leur intereft par l'impref-
fion de nouveaux Livres qui ruinent les anciens. Et il eft à craindre que
fi la Cour fouffre de femblables ufurpations, lefdits Affociez ne faffent
faire dans peu d'autres Stiles & Formules en vertu dudit Privilege, pour
tirer des gains confiderables au prejudice des particuliers.

Quant à la fommation faite par les Défendeurs originaires au Defendeur en fommation, pour prendre le fait & caufe defdits Défendeurs originaires, ledit Défendeur en fommation foûtient qu'elle eft
mal fondée, d'autant qu'il a executé ponctuellement le traité fait entre luy & lefdits Défendeurs originaires ; qu'il s'eft fervi des Formules
anciennes, parce qu'il a crû pouvoir s'en fervir, & qu'il n'y a point de
claufe dans ledit traité qui luy en ofte la faculté, & que c'eftoit aufdits
Défendeurs originaires à voir s'il y avoit quelque chofe dans fa compo-
fition qui fût une contravention au Privilege des Formules, ou ap-
pofer une claufe dans ledit traité qui concernât lefdites Formules, autrement il foûtient qu'il n'eft point obligé à la garantie.

Aprés l'affignation donnée par lefdits Demandeurs originaires aufdits Denis Thiery & Jean Cochart, ledit Bruneau, en vertu de l'Ordonnance de la Cour a demandé d'eftre reçû partie intervenante en
l'inftance pendante en la Cour entre lefdites parties, du 28.ᵉ iour de
Juin dernier, & a fait affigner lefdits deffendeurs originaires, pretendant que le deffendeur en fommation à mis mot pour mot dans fon
nouveau Praticien le Traité des Criées compofé par ledit Bruneau, &
demande en conféquence que la peine portée par fon Privilege foit de-
clarée encouruë contre lefdits deffendeurs originaires, avec confifcation des Exemplaires.

La Requefte & l'affignation ayant efté denoncées audit deffendeur par lefdits deffendeurs originaires, il a crû que pour y mieux répondre il falloit prendre le fait & caufe defdits deffendeurs originaires, quoy qu'il n'y fût pas obligé, & pour répondre à cette Requefte, il faut l'examiner & en confiderer toutes les parties.

Premierement, ledit Bruneau y prend la qualité d'Avocat, c'eft une qualité qu'il n'a point, il n'a iamais pris de licence ny efté immatriculé dans le Parlement, & il n'eft connu au Palais que pour un folliciteur de Procez ; c'eft avilir l'honneur de la profeffion de fouffrir que ces fortes de gens prennent la qualité d'Avocat ; il eft de l'intereft du Corps de l'empecher, il n'y a que dans ce Parlement où cet abus fe commette, & où l'on voit des gens s'y gliffer & faire noftre profeffion fans en avoir le caractere.

En fecond lieu, il dit que le deffendeur eft un ignorant, tant dans la Pratique que dans la Jurifprudence des Arrefts, & dans les Coûtumes, & qu'il offre la difpute au deffendeur. Le deffendeur ne s'eft jamais venté d'eftre tres-habile homme, il laiffe au public d'en iuger; cependant tous les ouvrages qu'il a mis au jour ne fe font pas trouvez inutiles à des gens des plus eclairez de la profeffion, qui ne font point difficulté de s'en fervir en public ; & quoyqu'il fût honteux au deffendeur de fe commettre avec un homme du caractere de Bruneau, il veut bien luy faire raifon fur ce point, & pour le fujet de la difpute, il luy offre le Code Juftinian, les Novelles, les Droits Seigneuriaux, & l'Inftitution au Droit François, contenant les Ordonnances & le Droit Coûtumier, qui font de belles matieres, fur lefquelles ledit Bruneau peut s'exercer & faire connoître fa capacité, & détromper le public de la mauvaife opinion qu'il a conçûë de luy ; ce font des Ouvrages fur lefquels le deffendeur travaille prefentement, & qu'il mettra en lumiere dans quelque temps, & les habiles gens jugeront lequel des deux doit l'emporter fur l'autre.

Ledit Bruneau devoit s'addreffer à un autre qu'au défendeur, qui connoift parfaitement fa conduite ; il fçait bien que fi on luy eut fait juftice, la mort d'un homme ne luy auroit pas permis de demander l'intervention en ladite Inftance ; & que par Arreft du Parlement ledit Bruneau fut condamné en l'amende pour la fouftraction d'un certain Billet de feize cens livres ; il fçait encores d'autres tours d'addreffe dont ledit Bruneau s'eft fervi, mais il veut bien n'en point faire mention en ce lieu pour luy faire plaifir.

En troifiéme lieu, il marque plufieurs erreurs de pratique que le deffendeur à faites dans fon nouveau Praticien, mais il eft aifé de faire voir à la Cour que ce cenfeur n'eft pas affez éclairé pour obferver les defauts d'un Ouvrage.

Premierement, ledit Cenfeur reprend le deffendeur de ce qu'en la

page 42. du nouveau Praticien il dit qu'un Religieux ne peut estre Ju-
ge, veu que le Pere le Clerc Chanoine Regulier, à present Prieur
de Reims, a esté long-temps Official de Nevers : Mais à cela le deffendeur répond, que selon la commune opinion des Docteurs les Religieux ne peuvent point estre Officiaux ; la raison est qu'ils sont morts
au monde, & qu'ainsi ce n'est pas à eux à traiter des affaires qui se font
entre les hommes, c'est pourquoy ils ne peuvent point estre Curez :
car comme il est dit dans le Concile de Macedoine, *Can.* 4. *Placuit per
unam quamque civitatem aut regionem subjectos esse Episcopo & quietem am-
plectari, & intentos tantùm jejunio & orationi in locis in quibus renunciaverunt
saeculo, nec Ecclesiasticis nec saecularibus negotiis sese ingerere, nisi propter nece-
sariam causam ab Episcopo civitatis permissum fuerit.* Neanmoins quant aux
Chanoines Reguliers de l'Ordre de Saint Augustin, ils peuvent faire les
fonctions Curiales, & celles des Officiaux, par ce qu'ils sont Chanoines Reguliers, lesquels peuvent sortir de leurs Convents pour posseder
des Benefices dépendans de leur Ordre, comme Cures & Prieurez, & par
consequent aussi faire la fonction de Juges Ecclesiastiques.

En second lieu, il dit que dans la page 59. le defendeur fait connoistre
qu'il ne sçait pas la suppression de la Chambre de l'Edit, Le defendeur
répond qu'il n'est pas necessaire de le dire en ce lieu, & qu'en la page
199. il est fait mention de cet Edit du 4. Février 1669. & de la Decla-
ration faite ensuite au mois de Juillet 1679.

En troisiéme lieu, ledit Bruneau pretend que la Formule pour la
constitution d'un nouveau Procureur en la page 63. n'est pas dans l'u-
sage, neanmoins tous les jours elle se dresse de la même maniere, & on
n'a jamais ouy dire qu'à Bruneau que les Lettres de Chancellerie se
dressassent en mes termes les unes que les autres.

Dans la mesme page ledit Bruneau reprend ledit defendeur, en ce
qu'il dit qu'au lieu de la Commission pour constituer un nouveau Procureur, on peut obtenir un Arrest, & qu'il n'y a que ledit deffendeur
qui ait avancé cette proposition : cette observation est ridicule sauf le
respect de la Cour : car il est certain qu'on le peut ; quoy que cela ne se
fasse pas ordinairement, parce qu'il en coûteroit davantage : mais ce n'est
pas une consequence que cela ne se puisse faire.

En quatriéme lieu, le defendeur n'a point avancé qu'un Procureur
demandoit la distraction des frais par une Requeste de *Comittitur* : &
pour estre convaincu de cette verité, il n'y a qu'à lire ce qu'en dit ledit
defendeur, en ces termes sur la fin, *cette demande se fait par Requeste tendante à ce que celuy qui est condamné aux despens, luy accorde cette distraction
par committitur :* ces termes *par committitur* ont esté mis sans y penser par
Imprimeurs, la raison est que l'Autheur ayant marqué en cet endroit
dans la copie ce qui s'observoit avant les nouvelles Ordonnances, &

ayant dit que cette diſtraction ſe faiſoit par une Requeſte de *Committitur*, & ayant enſuite effacé ce qui concernoit l'uſage ancien, ces mots par *committitur* ont eſté imprimez par les Imprimeurs, parce qu'ils n'eſtoient pas bien effacez: L'Auteur ayant laiſſé à un Correcteur d'Imprimerie le ſoin de corriger les feüilles de ſon Livre, & on void bien qu'il n'a pas pretendu que cette diſtraction ſe fit par une Requeſte de *committitur*, autrement il n'auroit pas mis à la fin *par committitur*, mais il auroit dit auparavant *par une Requeſte de committitur*. Ce qui fait connoiſtre d'autant plus cette verité, c'eſt que le defendeur a dit en pluſieurs endroits dudit nouveau Praticien que les inſtructions à la barre & pardevant les Conſeillers Commis, eſtoient abrogées par la nouvelle Ordonnance, titre XI. art. 11.

En cinquiéme lieu, ledit Bruneau réprend le deffendeur en ce qu'en la page 118. il dit que *ſi le doüaire prefix conſiſte en une ſomme de deniers, il faut ſuivre la Coûtume du lieu où le Contract de mariage a eſté paſſé*, il n'y a rien qui ſoit contraire au droit coûtumier, puiſqu'il eſt certain que le doüaire prefix ſe regle ſuivant la Coûtume du lieu où le Contract de mariage a eſté paſſé : & le deffendeur n'a pas voulu parler du doüaire coûtumier, on ne peut pas douter qu'il ne ſçache fort bien que ce doüaire ſe regle ſuivant les Coûtumes où les biens qui y ſont ſujets, ſont ſituez, il n'y a qu'à lire ſon Commentaire ſur la Coûtume de Paris (qui ne peut eſtre blâmé que par les ignorans ou par des envieux) ſur l'article 248. page 79. *in fine*, où le deffendeur marque que le doüaire coûtumier ſe regle ſuivant la Coûtume des lieux où les heritages ſujets au doüaire ſont ſituez.

En ſixiéme lieu, ledit Bruneau reprend le deffendeur de ce qu'il dit en la page 178. qu'il y a trois ſortes de *Committimus*, & ledit Bruneau dit qu'il n'en connoiſt que deux : Mais Loyſeau en ſon Traité des Offices, Livre I. chapitre 9. nombre 52. luy va faire connoiſtre qu'il y en a trois. Voicy les termes dont il ſe ſert :

Pareillement pluſieurs Officiers habent privilegium fori, qu'aucuns appellent jus revocandi domum, & que nous appellons vulgairement le privilege de Committimus, dont il y en a de trois ſortes. Car aucuns n'ont que le ſimple Committimus de la petite Chancellerie, pour addreſſer leurs cauſes aux Requeſtes du Palais, contre ceux ſeulement qui ſont demeurans dans le meſme Parlement. Autres ont droit de Committimus du grand Sceau, pour attirer aux Requeſtes du Palais de Paris, les reſidans és autres Parlemens, comme ont entr'autres les Chevaliers du Saint-Eſprit. Finalement aucuns ont Committimus pour addreſſer leurs procez, ou aux Requeſtes de l'Hoſtel, ou en celles du Palais, à leur choix & option ; lequel troiſiéme Committimus n'eſt pas ſeulement pour les actions perſonnelles, poſſeſſoires & mixtes comme les deux autres, mais encore pour les hypothecaires, ainſi qu'il eſt contenu en l'Ordonnance de l'an 1548.

Ledit cenſeur ne doutera peut-eſtre plus à preſent que dans le ſens de Loyſeau & du deffendeur il n'y ait trois ſortes de *Committimus*.

Mais noſtre cenſeur devoit avant que de cenſurer les Ouvrages d'au-truy, faire voir à un plus habile homme que luy, ce grand Traité des Criées par luy compoſé, lequel ne conſiſte preſque que dans la ſcience des Huiſſiers ou Sergens, c'eſt à dire dans les Formules dont ils ſe ſer-vent dans les ſaiſies réelles & dans les criées : Et il n'y devoit rien laiſſer qui meritaſt une juſte cenſure. Le deffendeur en remarquera deux ou trois, non pas dans le deſſein de cenſurer ſon Livre, car il n'en vaut pas la peine, mais pour faire connoiſtre à ſon Auteur que ce n'eſt pas ſans ſujet s'il a eſté décrié dés qu'il a veu le jour.

La premiere eſt en la page 54. où il dit que pour valablement ſaiſir réellement un Office ſur un Titulaire, il faut auparavant diſcuter & faire vendre ſes meubles, ſuivant la Note de Tournet ſur l'article 350. de la Coûtume de Paris : C'eſtoit veritablement l'ancienne Juriſ-prudence, & cela s'obſervoit ainſi dans le temps que Tournet a écrit ſur la Coûtume de Paris, mais il y a plus de cinquante ans que cet-te juriſprudence a changé par une infinité d'Arreſts, qui en ont eſtabli une maxime au Palais dont on ne doute plus, & il n'y a que l'Auteur des Criées qui l'ignoroit.

La deuxiéme eſt en la page 59. *in fine*, & 60. où il dit en parlant des Baux iudiciaires, que par les Arreſts & Reglemens il eſt permis d'em-ployer le tiers du Bail iudiciaire en reparations utiles & neceſſaires; lorſque le bail eſt de mil livres, & s'il eſt plus haut, on n'en peut em-ployer que le quart. Cet Auteur ignore l'Arreſt de la Cour en forme de Reglement du douziéme Aouſt 1664. qui porte en l'article 10. que les Fermiers iudiciaires ne pourront employer en reparations plus que le prix d'une année, pour les baux qui ſeront au deſſous de deux cens livres ; & pour les baux de trois cens livres, & au deſſus iuſques à mil livres, ne pourront employer que la moitié du prix d'une année, & le quart pour ceux qui ſont au deſſus de mil livres. Ce qui a encore eſté confirmé par un autre Arreſt de la Cour donné en interpretation du precedent, le vingt-troiſiéme Juin 1678. ainſi qu'il eſt plus au long rapporté dans le Nouveau Praticien, page 376.

La troiſiéme eſt en la page 68. où il fait connoiſtre qu'il ne ſçait point la Langue Latine, quand il dit en parlant contre les Fermiers iudiciai-res ; *mais l'on facine les yeux à ce Pourſuivant, & luy touchant dans la main,* dari pecuniam. On void bien ſa penſée, mais il s'exprime impertinem-ment.

Tout ledit Traité des Criées eſt rempli de fauſſes maximes dans ce qui eſt du fait de l'Auteur ; mais le deſſein du deffendeur n'eſt pas de les obſerver en ce lieu.

Il est aisé de juger que ledit Bruneau n'a demandé l'intervention en l'Instance pendante en la Cour entre lesdites parties, que pour faire plaisir audit Guignard; lequel a crû empescher la vente & le debit dudit Nouveau Praticien, en supposant dans une Requeste qu'il estoit remply d'erreurs. Ce moyen n'est pas trop judicieux, car le deffendeur pourroit avec plus de raison marquer celles qui se trouvent dans ladite Nouvelle Pratique, qui sont en tres-grand nombre : mais comme le deffendeur n'a aucun interest de les découvrir au public, il ne veut point s'en donner la peine; la difference de la vente de l'un & de l'autre, fait connoistre le jugement qu'on en fait.

En quatriesme lieu, il dit que le deffendeur a transcrit fidelement mot à mot ledit Traité des Criées dans ledit Nouveau Praticien, depuis la page 354. iusques à 445. Mais ensuite il se contrarie manifestement, car il fait des observations sur plusieurs endroits dudit Nouveau Praticien, qu'il pretend avoir esté copié de sondit Traité des Criées, où il dit que ce sont des erreurs; si cela estoit il s'ensuivroit que le deffendeur les auroit prises de luy; de plus si ledit deffendeur avoit copié ledit Traité des Criées, il auroit mis dans son Livre toutes les erreurs & les fautes qui se trouvent en grande quantité dans ledit Traité des Criées, lesquelles ne se trouveront pas dans ledit Nouveau Praticien.

Mais pour dire la chose comme elle est, Bruneau ne disconviendra pas que la moitié de son Livre n'est composé que de Formules qui s'observent dans les saisies réelles, comme sont les Formules de commandement, de saisie réelle, du procez verbal de criées, des significations qui se font dans cette matiere; il est vray que quelques-unes se trouvent dans le nouveau Praticien, mais elles ne sont pas de l'invention dudit Bruneau, elles estoient d'usage avant qu'il fut né, & il n'y a point de Sergent qui ne les sçache mieux que luy, & même une partie d'icelles se trouvent affichées aux portes des Eglises & des Jurisdictions, ainsi elles sont de droit public; & quoi qu'elles sont dans son Livre, on n'a pas moins de droit de s'en servir, elles sont dans les anciens Stiles de Gastier, & dans celuy du Chastelet fait par Gauret, où ledit Bruneau les a prises.

En cinquiéme lieu, ledit Bruneau demande la confiscation à son profit de tout ce qui est dans ledit nouveau Praticien, touchant la matiere des Criées, il est aisé de faire voir qu'il est mal fondé dans sa demande, & dans son intervention, de quelque maniere que l'Instance soit jugée entre lesdits demandeurs originaires, les deffendeurs originaires & le deffendeur en sommation; car si les demandeurs originaires obtenoient aux fins de leur Requeste, ce qui ne se peut pas, sauf le respect de la Cour, les deffendeurs originaires seroient obligez d'ôter toutes les Formules dudit nouveau Praticien, & ledit Guignard feroit aussi obligé d'oster toutes celles qui se trouvent en grand nombre dans ladite Pratique Civile, Criminelle & Beneficiale; ledit Bruneau feroit pareillement obligé de souffrir qu'on ostast celles qui sont dans ledit Traité des Criées, ce qui estant il n'auroit aucun fondement pour son intervention, puis qu'elle ne peut estre fondée que sur les Formules qui remplissent la moitié dudit Traité des Criées, qu'il pretend que ledit deffendeur a prises de luy. Que si les deffendeurs originaires sont renvoyez absous de la demande desdits demandeurs originaires, la Cour jugera qu'il leur estoit permis de se servir des anciennes Formules de Pratique, sans contravention au pretendu Privilege des Associez ausdites Formules; ainsi le deffendeur en sommation aura pû se servir des Formules concernans les Criées, quoy qu'elles se trouvent dans ledit Traité des Criées dudit Bruneau, d'autant qu'elles sont dans tous les anciens Livres de Stiles, & qu'elles ne sont pas de l'invention dudit Bruneau; & dans ce cas ledit Bruneau se trouve mal-fondé dans son intervention.

Il est presentement aisé de voir pourquoy Jean Guignard qui a imprimé ledit Traité des Criées, n'a pas poursuivi en son nom lesdits Denis Thierry & Jean Cochart pour la pretenduë contravention à son Privilege, c'est que s'il l'avoit fait, on luy auroit opposé qu'il auroit contrevenu le premier au Privilege des Formules, ainsi il auroit esté tres-mal fondé dans sa Requeste.

Il a crû qu'il parviendroit plus facilement à ses fins par l'intervention dudit Bruneau, comme interessé dans ledit Traité des Criées; mais cet homme ne prevoit pas que si les Associez ausdites Formules obtenoient les conclusions par eux prises dans leur Requeste du 14 jour de Juin dernier, contre lesdits deffendeurs originaires, ils se serviroient de l'Arrest qui seroit rendu, contre luy-mesme, comme ayant contrevenu le premier au Privilege des Formules par ledit Traité des Criées, qui en est rempli, ainsi les mêmes condamnations portées par l'Arrest, seroient executoires contre ledit Guignard.

En sixiéme lieu, ledit Bruneau se plaint que le Deffendeur en sommation, a mis le titre des Criées dans le titre du Nouveau Praticien; mais il n'est pas difficile de faire voir le contraire; car le Traité des Criées est ainsi intitulé: *Nouveau Traité des Criées, contenant les Procedures, pour faire toutes sortes de Decrets, suivant les Coûtumes, Ordonnances, Arrests & Reglemens sur ce intervenus jusques à present, Ouvrage necessaire à tous Juges, Advocats, Procureurs, Huissiers & Praticiens, pour connoître les nullitez, qui se rencontrent dans des Criées.* Le titre du nouveau Praticien porte, *Nouveau Praticien, &c. avec un Traité tres ample des Saisies Réelles, Baux Judiciaires, Oppositions, Adjudications par Decret, & des*

Ordres des Creanciers, & distribution des deniers entr'eux, conformément aux Ordonnances & Reglemens de la Cour. Il n'y a rien de semblable dans ces deux titres, & même dans le titre du nouveau Praticien, ce mot de *Criées* n'y est point. Il seroit ridicule sauf le respect de la Cour, audit Bruneau de pretendre, par ce qu'il auroit obtenu un privilege pour un Traité des Criées, qu'aucun autre ne pût traiter la même matiere, autrement il arriveroit qu'un Traité fait par un ignorant & un miserable Solliciteur de procez, osteroit occasion aux habiles gens de communiquer leurs lumieres au public sur le même sujet.

Depuis la Requeste d'intervention dudit Bruneau, ledit Gauret a presenté pareille Requeste d'intervention, tendante aux fins & conclusions prises par les demandeurs originaires : Mais comme ledit Gauret n'est pas mieux fondé que lesdits demandeurs originaires, leur interest estant commun, les réponses faites contre lesdits demandeurs originaires par ledit défendeur sont par luy employées contre ladite Requeste, observant cependant à la Cour ledit défendeur, que mal à propos ledit Gauret intervient dans une Instance contre ledit Thierry pour une pretenduë contravention, veu que luy même a contrevenu le premier au privilege des nouvelles Ordonnances, dans lesquelles ledit Thierry est interessé pour sept parts, & qu'il a mis mot pour mot toutes lesdites Ordonnances, sans le consentement dudit Thierry ; & partant non recevable dans son intervention ; car au cas qu'il fut jugé que ledit Thierry seroit contrevenu au privilege des Formules, l'Arrest qui le jugeroit, seroit un préjugé certain & asseuré ~~pour~~ ledit Gauret. Mais ledit Gauret & ledit Bruneau n'ont demandé d'intervenir en ladite Instance que pour faire plaisir audit Guignard, lequel voyant que le nouveau Praticien est en concurrence avec ladite Pratique Civile, Criminelle & Beneficiale, fait toutes les chicannes possibles pour en empescher la vente, & le détruire. Mais comme la Cour çait parfaitement dicerner les demandes justes, d'avec celles qui font mal fondées, & connoître les desseins des Demandeurs, le Deffendeur espere qu'elle deboutera de leur Requeste lesdits Demandeurs originaires, lesdits Bruneau & Gauret de leurs Requestes d'intervention, avec dépens.

M. PAGEAV, Advocat.

HAROÜARD.

DINET.

GROSTESTE.

AUBOÜIN.